# Choosi ... et



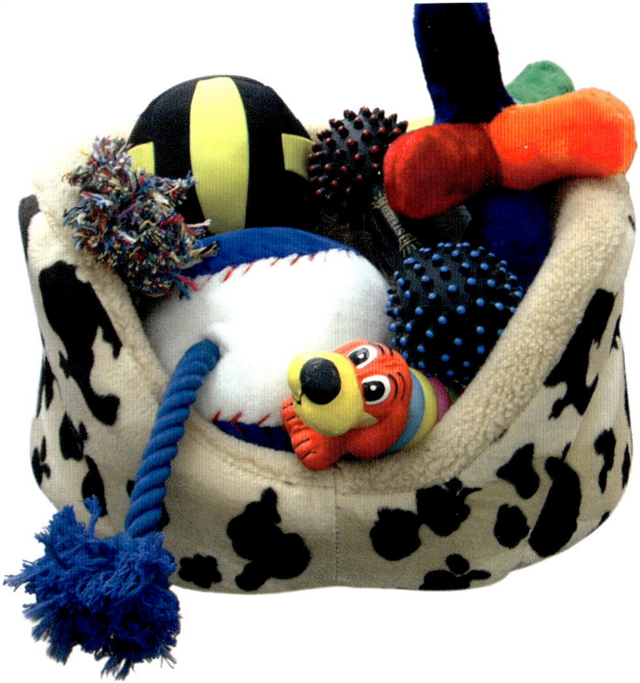

Rigby

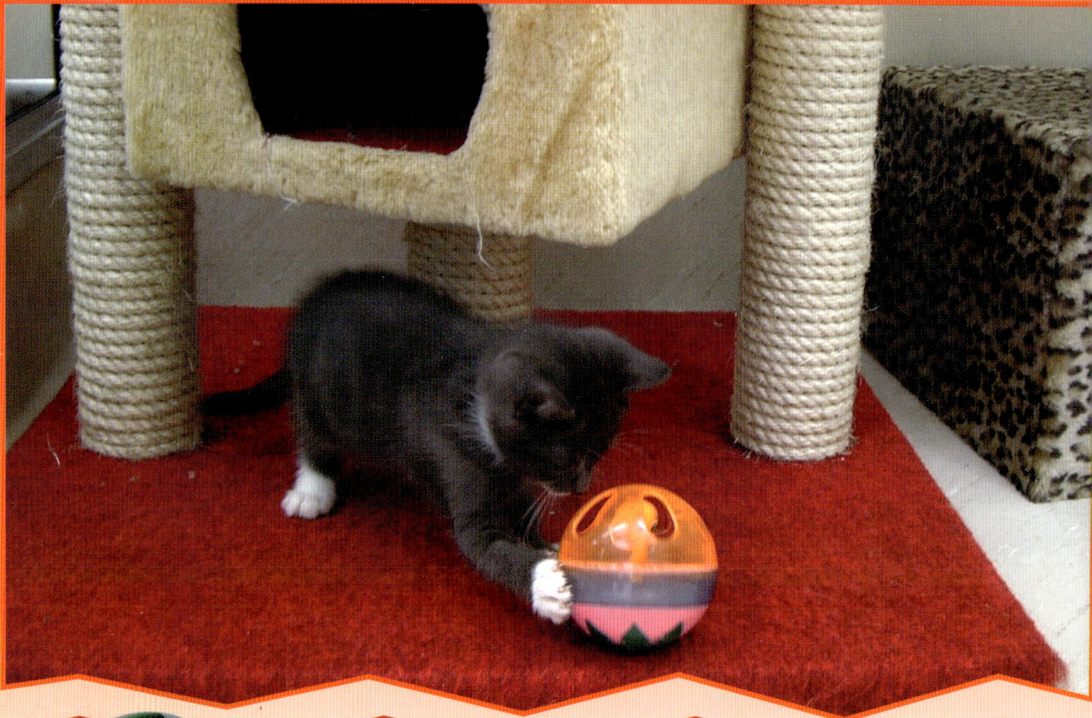

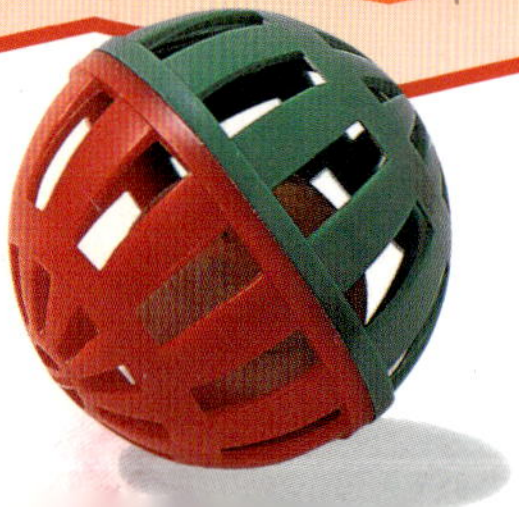

a cat

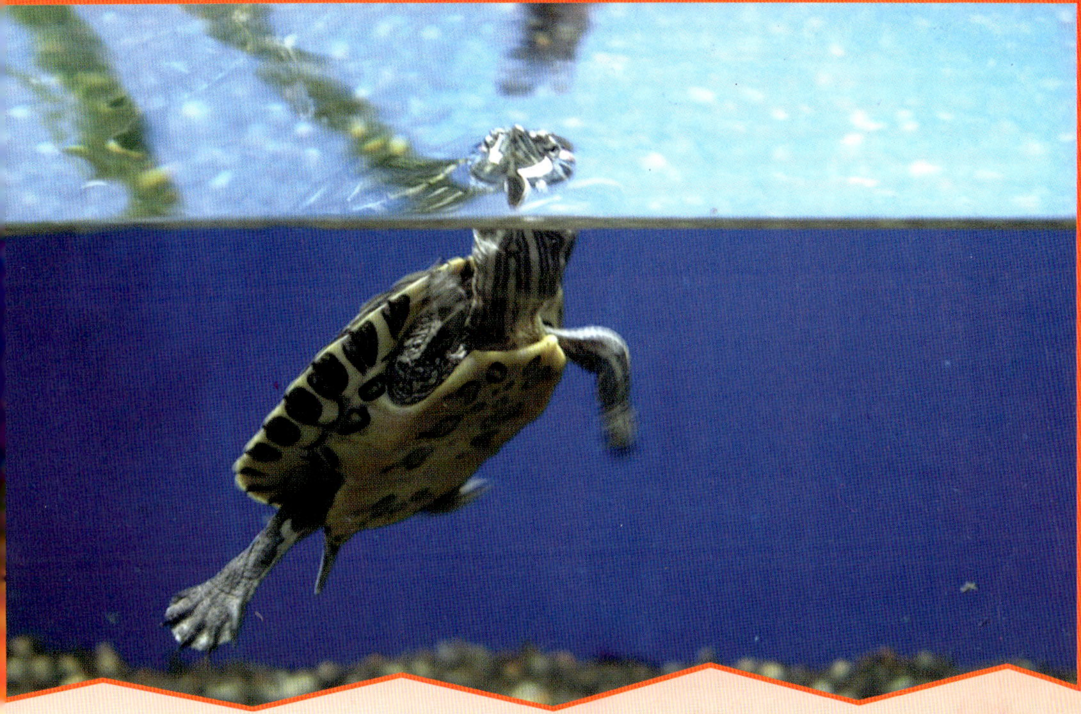

a turtle

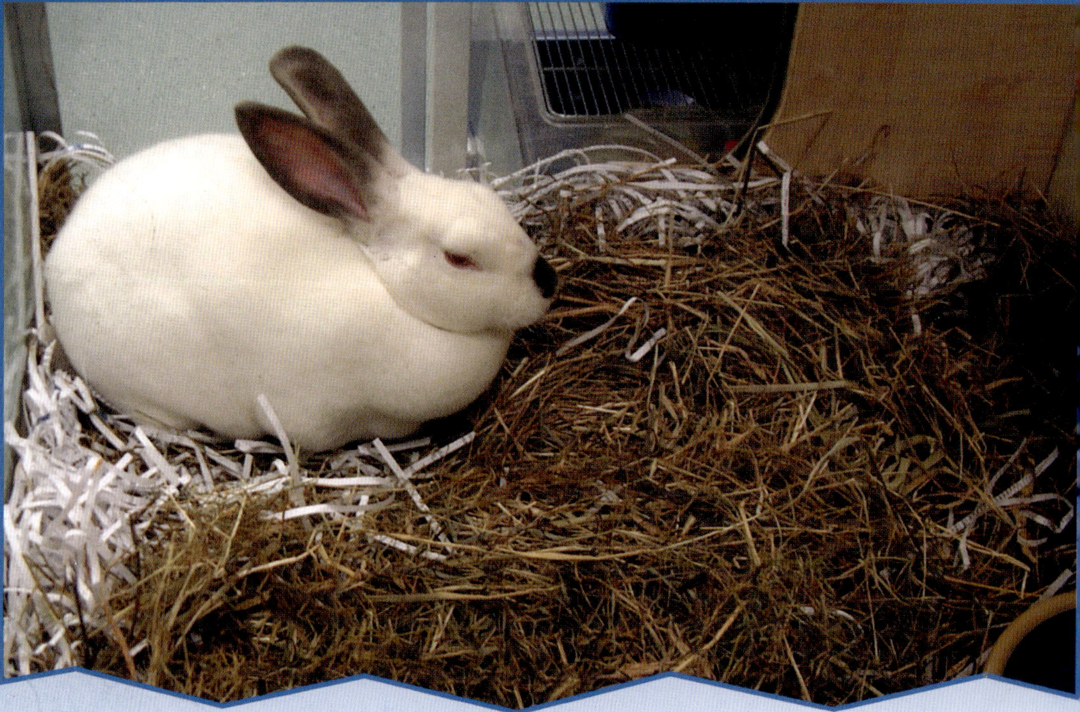

# a rabbit

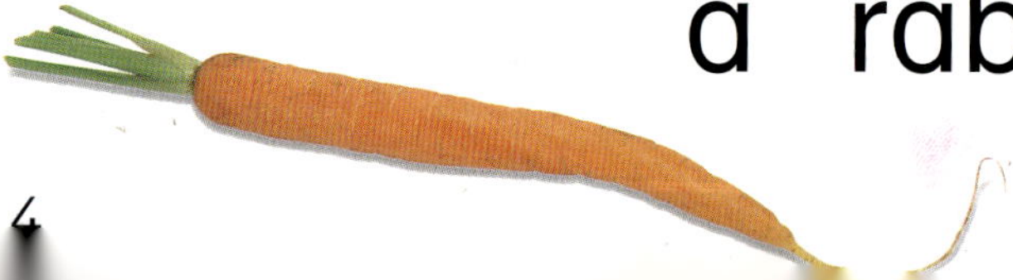

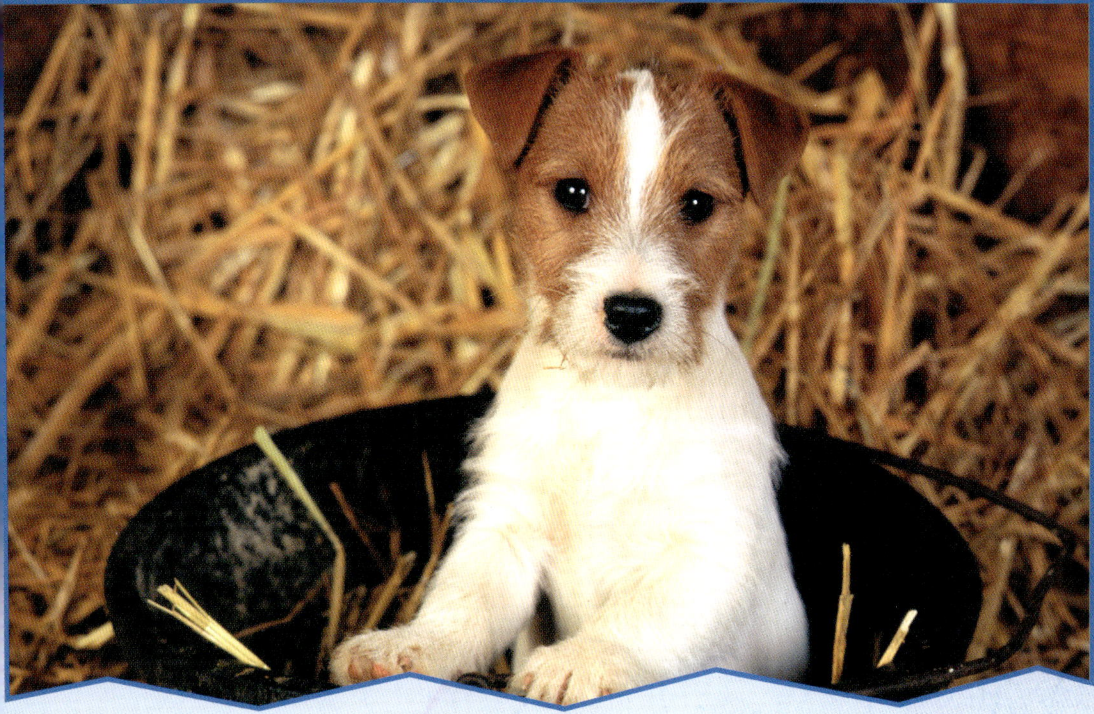

a dog

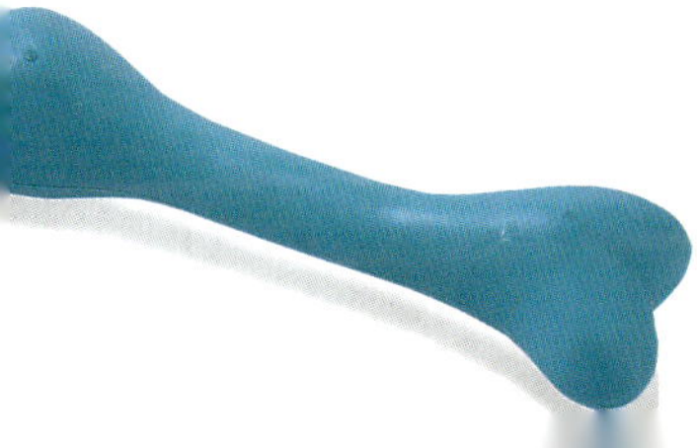

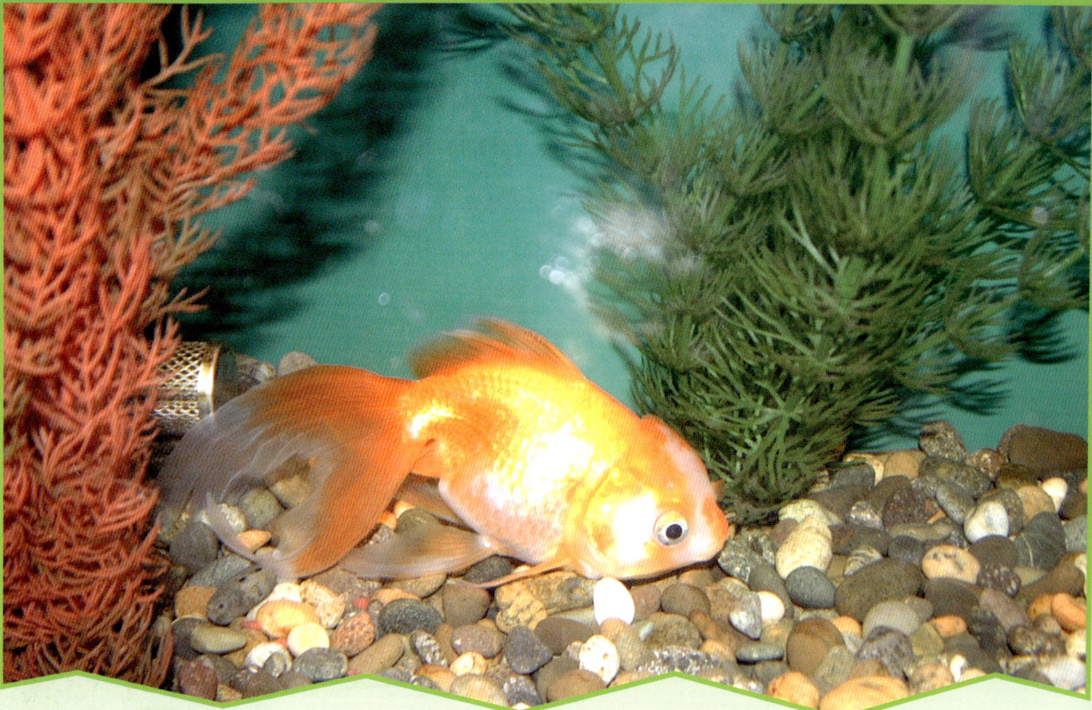

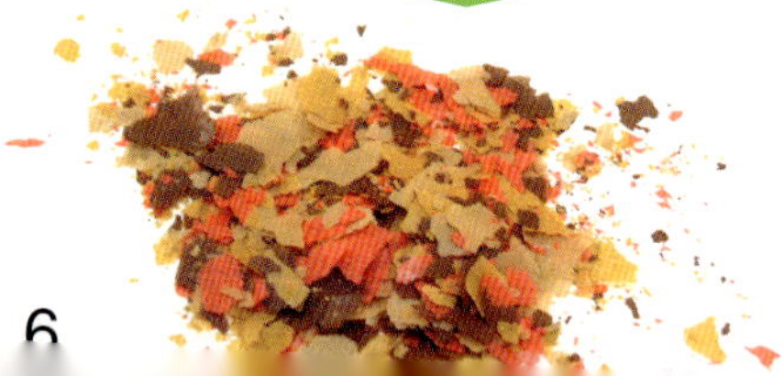

a fish

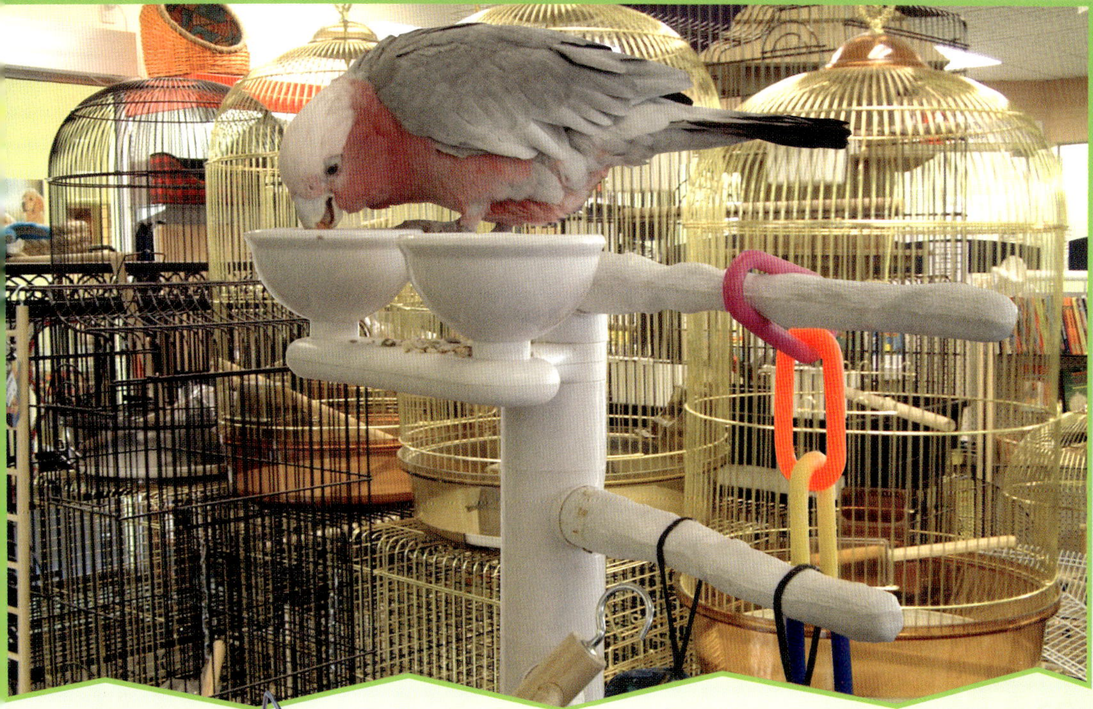

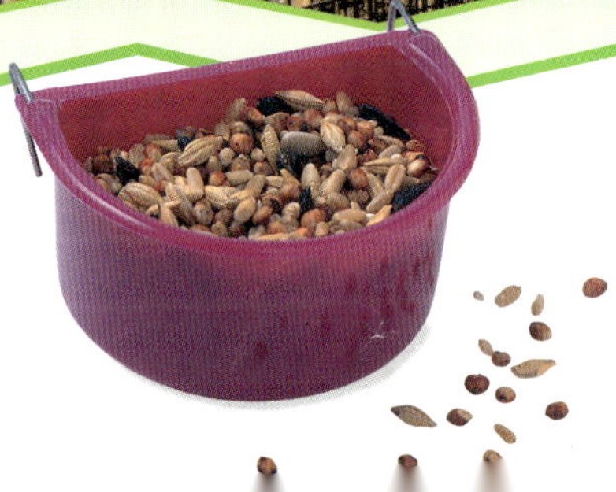

a bird

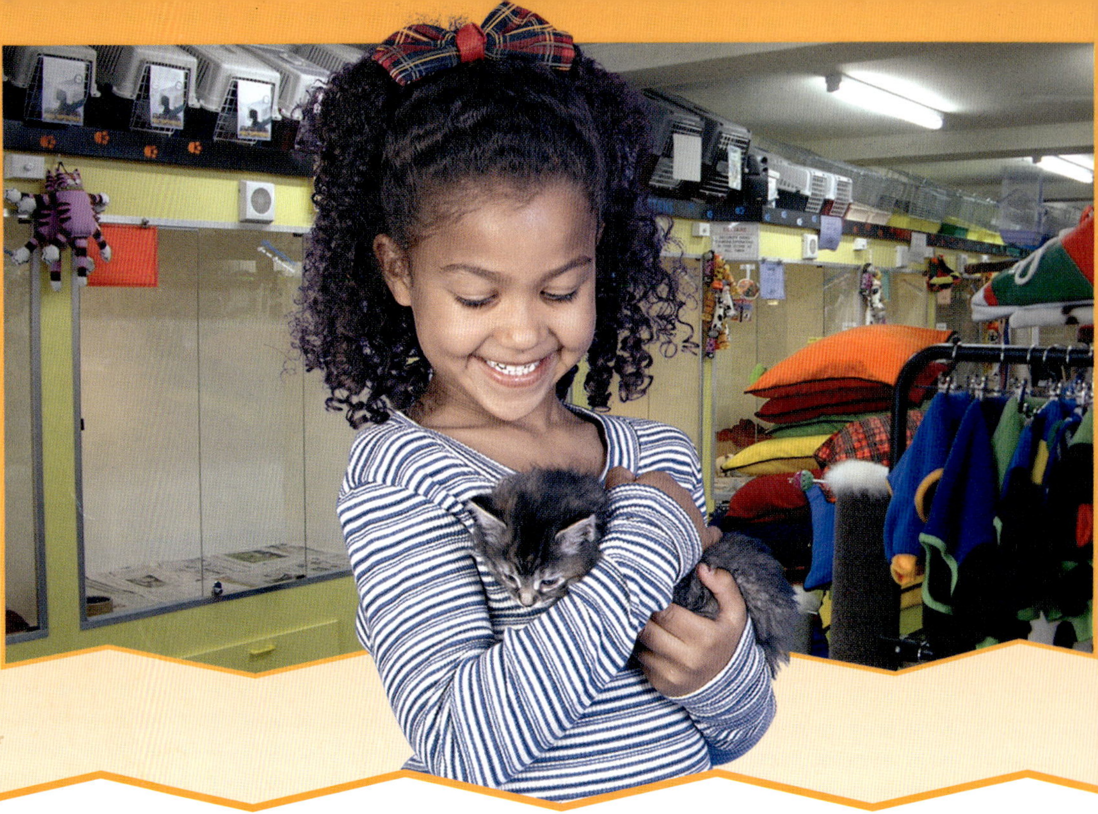

a pet

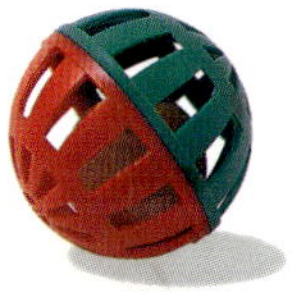